DÁ PARA CONSERTAR?

Julio Ribeiro

DÁ PARA CONSERTAR?

Empresas que iam muito bem
de repente passaram a ir mal

dash editora

Copyright © Julio Ribeiro, 2014

Grafia atualizada segundo o Acordo Ortográfico da Língua Portuguesa de 1990, que entrou em vigor no Brasil em 2009.

Todos os esforços para contatar os detentores de direitos autorais foram realizados. Os editores ficarão contentes de corrigir, em edições futuras, erros ou omissões que vierem a ser apontados.

Proibida a reprodução no todo ou em parte, por qualquer meio, sem autorização do editor. Direitos exclusivos da edição em língua portuguesa no Brasil para:

Silvia Cesar Ribeiro editora e importadora ME.
Rua Rodolfo Troppmair 89 - Paraíso - 04001-010 - São Paulo - SP
tel 11 2667 6314 - contato@editoradash.com.br
www.editoradash.com.br

Dados Internacionais de Catalogação na Publicação - CIP

R484 Ribeiro, Julio.
Dá para consertar? Empresas que iam muito bem de repente passaram a ir mal / Julio Ribeiro. Prefácio de Renata Serafim. - São Paulo: Dash, 2014. 128 p.; 16 x 23 cm.

ISBN 978-85-65056-50-2

1. Gestão da Organização. 2. Gestão de Pessoas. 3. Gestão Financeira. 4. Marketing. 5. Saúde da Empresa. I. Título. II. Serafim, Renata.

CDU 658.3
CDD 658

Catalogação elaborada por Ruth Simão Paulino

Capa e projeto gráfico: *Silvia Ribeiro*
Foto de capa: *Jairo Goldflus*
Revisão e preparação: *Verba Editorial*
Diagramação e produção gráfica: *Hellen Cristine Campos dos Reis*

2ª edição: outubro de 2014

Desejo agradecer às minhas assistentes, Maria Del Carmem Adell, Lucimar Paranhos e Carla Kuroishi, pelo esforço que fizeram a fim de coletar os números e estatísticas que tornaram este livro possível

SUMÁRIO

Prefácio 11
Introdução 17

DIVERSIFICAÇÃO: A TENTAÇÃO FATAL PARA EMPRESAS
BEM SUCEDIDAS 21

"O POBRE QUE NÃO TIRA NENHUMA LIÇÃO DA POBREZA
VAI SER SEMPRE POBRE" 33

MUDANÇAS NO MERCADO: A GRANDE ASSOMBRAÇÃO DAS
EMPRESAS QUE VÃO BEM 45

SE VOCÊ, PARA ECONOMIZAR, EQUIPAR O SEU EXÉRCITO
COM MULAS EM VEZ DE CAVALOS DE GUERRA,
COM CERTEZA IRÁ PERDER TODAS AS
BATALHAS QUE TRAVAR 57

PARA CONSTRUIR QUALQUER COISA VOCÊ PRIMEIRO
PRECISA SONHAR COM ELA 67

A PRINCIPAL CAUSA DE FALÊNCIA DAS EMPRESAS NÃO
É A FALTA DE DINHEIRO 77

NINGUÉM ACREDITA EM FANTASMAS ATÉ VER UM............................ 87

O MISTÉRIO DA TIA JUSTINA 99

AS MÁS NOTÍCIAS TÊM TODAS A MESMA ORIGEM 109

QUE TIPO DE ESTÍMULO VOCÊ, SE PUDESSE ESCOLHER,
USARIA PARA MUDAR SUA VIDA? 121

PREFÁCIO

"O sonho é a parte mais importante da realidade."

Esse é um dos conceitos que está neste livro. Mas não foi a primeira vez que tomei contato com ele. Antes de mais nada, é uma crença legítima e real de Julio Ribeiro. Quem tem o prazer de conviver com o publicitário, empresário e amigo Julio Ribeiro, já ouviu essa frase e, principalmente, já percebeu o quanto isso é presente e real em sua vida. Foi com essa crença, entre outras experiências e verdades, que ele construiu uma das mais importantes agências de propaganda do Brasil.

Hoje, vivemos um momento no país em que muitos jovens empreendedores se lançam ao sonho de ter seu próprio negócio. As estatísticas nos mostram que eles estão estudando e se preparando mais. Também nos mostram que eles — e elas — estão empreendendo muito mais por sonho que por necessidade. A boa notícia é que grande parte dessas novas empresas vem obtendo sucesso. Talvez o sonho aguce também a intuição para fazerem as melhores escolhas, que ajudam a levar ao sucesso.

Mas também é fato que, ao se lançar em um projeto de tamanha importância, não dá para contar apenas com o sonho e a intuição. Eles são, sim, uma parte muito importante da realidade, mas sempre é bom "dar uma mãozinha". E aqui neste livro temos um poderoso guia, com erros, acertos, histórias, que com certeza vai pôr muita gente – empreendedores, empresários, líderes de empresas ou aspirantes – para pensar sobre desafios e decisões que vêm tomando, ou que venham a enfrentar, em suas vidas corporativas.

Julio Ribeiro, um dos grandes nomes da propaganda e do mundo do empreendedorismo com sucesso no Brasil, compartilha conosco, com inspiração, sabedoria e bom humor (características que lhe são peculiares), alguns casos e muitas lições sobre como ter certeza de que sua empresa vá sempre bem.

De forma descontraída, didática e verdadeira, Julio nos leva a um delicioso passeio por histórias próprias e histórias de diferentes empresas, para nos mostrar um pouquinho do segredo do sucesso – ou fracasso – de marcas que fizeram parte da nossa vida. Afinal, podemos e devemos aprender com experiências prévias, seguir os passos acertados e evitar repetir erros já vividos.

Ao longo de dez lições básicas, você vai se sentir em um verdadeiro bate-papo, informal, mas extremamente rico, como se estivesse frente a frente com o autor, sendo brindado com uma parcela de sua sabedoria e experiência do mundo corporativo e empresarial.

Garantia de aprendizado com leveza em cada uma das próximas páginas.

Renata Serafim
Diretora executiva de planejamento
Publicis Worldwide Brasil

VOCÊ TEM CERTEZA DE QUE A SUA EMPRESA VAI BEM?

Se você excluir as empresas natimortas, ou seja, aquelas que morreram no período de um ano após a sua fundação, a quase totalidade das empresas que fecharam teve um período de apogeu antes de fechar. Os exemplos são infinitos: desde gigantes como o Kodak, a fábrica de aviões Douglas, a Swissair, a Pan Am, até pequenas e médias como o Mappin, Mesbla, Rádios ABC, TV Excelsior, ou mesmo a lojinha da esquina. Pode-se contar em milhões o número de empresas saudáveis que num período de um a cinco anos entram num processo de falência ou simplesmente fecham.

Este livro é exatamente sobre isto: empresas que vão bem chegam a empregar centenas de pessoas e de repente fecham.

Por quê?

As causas são muitas, mas, como todo conjunto objeto de análise, existem causas que se repetem sem que os empresários nelas envolvidos tirem alguma lição dos fatos.

Neste livro vamos listar dez fatores que surgem com maior frequência nas pesquisas que realizamos entre empresas que após um período de apogeu morrem em alguns anos.

Se você tem uma empresa ou pretende abrir uma, lembre-se: para fechar, basta a empresa estar aberta.

DIVERSIFICAÇÃO: A TENTAÇÃO FATAL PARA EMPRESAS BEM SUCEDIDAS

Sabe qual é a empresa mais antiga do mundo?

Segundo a *Bloomberg Businessweek* é a Kongo Gumi, fundada em 578 no Japão. Ela operou e prosperou por 1400 anos no ramo de construção de templos, monumentos, castelos etc.

Faliu em 2006, depois de 1400 anos de sucesso. Sabe por quê? Por tentar se diversificar.

A história é a seguinte: A Kongo Gumi iniciou a sua vida construindo templos. Daí se diversificou um pouco, passando a construir monumentos e prédios grandiosos, entre eles o Castelo de Osaka. E dentro do ramo de construção atravessou catorze séculos aparentemente de forma próspera. Aí veio uma decisão fatal. Nos anos 1980, o Japão entrou num grande boom imobiliário. Provavelmente algum diretor deve ter pensado: "Já que estamos no ramo de construção há tantos séculos e o ramo de construção de templos está um tanto parado, por que nós não colocamos a Kongo no ramo imobiliário?" Aí eles fizeram grandes investimentos, se endividaram e começaram a perder dinheiro. Finalmente em 2006 o fim chegou. Com 343 milhões de dólares em dívidas, não puderam mais se manter e seus ativos foram adquiridos pela Takamatsu, outra grande empresa de construção japonesa.

O que se pode concluir desta história? É que a diversificação, quando mal planejada, não respeita nem empresas com 1400 anos de sucesso.

Onde eles erraram? Erro de cálculo sobre os riscos da diversificação.

Muitas das empresas que se diversificam quebram, por confiar erroneamente que o novo ramo em que vão entrar irá fornecer o capital necessário para pagar o endividamento em que as empresas irão incorrer ao optar pela diversificação.

Pequenas e grandes empresas quando pensam em diversificação quebram sempre pela mesma razão: erro de planejamento.

Principalmente planejamento financeiro.

Alguns exemplos?

Houve uma época no Brasil em que a demanda por papel era maior do que a capacidade instalada para fabricá-lo. Uma fábrica de papel, porém, custava muito caro para ser instalada. Daí a grande quantidade de papel importado que entrava no país. Um grande banco, nosso cliente, possuía uma pequena fábrica de papel no Sul do país e resolveu diversificar suas atividades. Fundou uma nova empresa e colocou uma grande soma na importação de uma fábrica moderna capaz de produzir vários tipos de papel, contando que a fábrica estaria produzindo antes do vencimento da dívida.

Isso, porém, não aconteceu. Problemas de engenharia atrasaram a conclusão das obras e a nova empresa ficou sem recursos. Foi vendida por uma fração do seu valor e por fim o próprio banco foi vendido também.

E com empresas menores? O processo é o mesmo: Elas veem oportunidades no mercado e em muitos casos se endividam ou comprometem recursos da própria empresa para entrar nessa nova aventura. Algumas empresas se dão muito bem; outras fecham.

Qual a diferença? Dependendo do quê? Aqui também as causas são muitas, mas as empresas que se complicam em geral calculam mal tanto as receitas que irão obter quanto o capital que irão necessitar para realizar com sucesso o novo empreendimento.

A diversificação mal planejada é isoladamente a

maior causa do fechamento de empresas. Quem acha isso não sou eu. É a realidade. Vejamos alguns casos. Em 2002, a Wallmart, uma enorme rede de varejo americana, tornou-se a maior empresa do mundo. Maior que bancos, empresas petrolíferas, cadeias de varejo etc. Nós tínhamos, na ocasião, como temos até hoje, como cliente a maior cadeia de varejo do Brasil, as Lojas Americanas. O nosso cliente gostava muito do modelo Wallmart. Gostava tanto que um dia resolvi ir, com o cliente e meu sócio, até Bentonville, no Estado de Arkansas onde fica a sede da Wallmart, para conhecer a empresa.

Bentonville era uma cidade tão pequena que nem aeroporto possuía.

Chegamos no final do dia de uma sexta-feira e nos preparamos para visitar a Wallmart na segunda-feira. Qual não foi a minha surpresa quando na noite da própria sexta o cliente telefonou para o meu quarto e disse: "Julio, amanhã tem reunião com a Wallmart." Eu ponderei que devia haver um engano porque nos Estados Unidos ninguém trabalha no sábado.

Aí ele me falou, meio sem jeito, que não era uma reunião oficial.

"É que os funcionários da Wallmart alugam aos sábados, por sua conta, o cinema da cidade, para discutir os problemas da empresa". Não acreditei, e fui dormir desconfiado de que de alguma forma a Wallmart havia arranjado um jeito de fazer o pessoal trabalhar no sábado sem pagar nada.

No dia seguinte, levantamos cedo e fomos para o tal cinema, prontos para assistir a uma reunião maçante, de funcionários que alugavam um cinema, num sábado, para discutir problemas da empresa.

Chegamos lá e tomamos um susto: a reunião em vez de ser apática e morrinhenta parecia uma festa. Gente cantando, um conjunto (formado pelos próprios funcionários) tocando e cantando, o palco decorado e pessoas de muitas filiais contando casos de aumento e técnica de vendas num entusiasmo admirável.

Aí eu falei para o meu sócio: "Isto não é um empresa; é uma religião." Na segunda-feira fomos conhecer as lojas. O mesmo espírito: funcionários aposentados ajudando mulheres com bebês, todo o mundo sorrindo. Eu pedi uma Coca-Cola e a moça, quando soube que eu era do Brasil, não cobrou nada. Fomos ao escritório e pelo caminho, dentro das lojas, havia cartazes com frases do fundador, Sam Walton, pregadas em pequenos cartazes: "Se você estiver a menos de um metro de qualquer pessoa, sorria". "Se o cliente quiser trocar qualquer mercadoria comprada na loja, troque ou devolva o dinheiro na hora. Sem fazer perguntas. É porque ele não gostou do artigo. Se o cliente quiser trocar alguma coisa que rasgou, encolheu ou apresentou qualquer defeito, devolva o dinheiro em dobro; uma vez porque ele pagou e o artigo não serviu e a outra porque nós falhamos no controle de qualidade."

Os funcionários das lojas recebiam quando faziam aniversário de contratação, em vez de dinheiro ou relógios, ações da empresa com a mensagem "Você hoje está recebendo ações da empresa no valor de X. Se você se esforçar e nós crescermos, elas vão se valorizar muito e você poderá, quando se aposentar, ganhar muito mais".

O sr. Walton nunca possuiu um carro e andava pela cidade numa caminhonete. A sra. Walton não tinha empregada e estava sempre disponível para conversar. Era inacreditável.

Havia nessa época, nos Estados Unidos, uma concorrente da Wallmart, a Kmart, que iniciou suas atividades no mesmo ano que ela, 1962, e passou anos tentando copiar a estratégia de Sam Walton, só que por caminhos diferentes.

Enquanto a Wall Mart diversificava a partir de sua linha de força, o varejo, a Kmart – um conglomerado grande de varejo nos Estados Unidos, fundada no mesmo ano da Wallmart e igualmente bem-sucedida, entusiasmada pelo dinheiro que estava ganhando – começou a trilhar caminhos diferentes. Investiu na área de esportes abrindo uma cadeia de lojas, denominada Sports Authority, e começou a trabalhar em áreas no exterior que não conhecia. O resultado foi o de sempre: a diversificação descontrolada leva a empresa primeiro a dificuldades financeiras e, por fim, à insolvência. Foi o que aconteceu à Kmart.

Depois da viagem, quando voltamos ao Brasil, eu disse ao cliente: "Pare de tentar imitar a Wallmart. Sabe por quê? Porque falta nesta empresa o talento de Sam Walton. Imitar os procedimentos da empresa é fácil. Difícil é imitar o Sam Walton".

As Lojas Americanas saíram-se bem. Contrataram a empresa de Claudio Galeazzi, a maior autoridade existente no Brasil em reestruturação de empresas. Ele fez a diretoria ver que o modelo Wallmart só funcionava para a Wallmart. As Lojas Americanas tinham uma história própria e era em torno dessa saga que a empresa deveria se desenvolver. Foi um sucesso. As ações das Lojas Americanas estão hoje entre as mais importantes da Bolsa, e a empresa se diversificou, partindo de sua linha de força: as próprias lojas. Introduziu novos artigos, como televisores e eletrodomésticos, criou a Americanas.com, empresa de internet, e esqueceu o Sam Walton. Os melhores casos de diversificação bem-sucedidos que pude conhecer estão sempre baseados na linha de força e afinidades da própria empresa.

Um conselho para empresários que estão pensando em diversificar: Se você tem um barco seguro, explore-o até o limite do mercado. Colocar uma faca na boca e pular no mar é mais excitante, mas pode transformá-lo em comida de tubarão.

"O POBRE QUE NÃO TIRA NENHUMA LIÇÃO DA POBREZA VAI SER SEMPRE POBRE"

(Carlos Bernardo Pecotche)

Eu tive vários amigos e vários parentes que depois de terem feito fortuna perderam tudo e morreram pobres. Não é uma história incomum. Provavelmente o leitor já conhece alguém que depois de ter conquistado uma posição confortável perdeu tudo que possuía e ficou na penúria.

A empresa tem o dom de dar muitas alegrias ao empresário, mas tem também o poder de tirá-las, reduzindo-o, em muitos casos, à indigência e à pobreza.

Qual é a diferença entre o empresário que constrói um império sólido e outro que depois de conquistar os seus objetivos entra na ladeira das dificuldades e, em muitos casos, da falência?

A resposta é mais simples do que se imagina: o sucesso da empresa advém da capacidade de seus gestores de obter uma receita maior do que a despesa.

Simples, não? Por achar que a resposta é simples muitos empresários saíram do negócio.

Qual o caminho para construir uma empresa sólida?

O presidente de um banco, nosso cliente, uma vez me deu a fórmula do sucesso usando a metáfora de uma caixa d'água. "A água que sai (empréstimos) tem que ser menor do que a água que entra (depósitos, aplicações etc.)".

Cada banco tem uma fórmula para calcular o quanto deve sair em relação ao dinheiro que entra. Mas toda vez que a saída de fundos (aplicações, despesas e outros investimentos do próprio banco) é muito maior do que a entrada, o banco fica encrencado. Aí ele é vendido ou fecha.

O princípio geral a que os empresários devem se ater, principalmente os que vão indo bem, é simples;

PRIMEIRO: GERAR A RECEITA. DEPOIS QUE A RECEITA ESTIVER DENTRO DA COMPANHIA (COM TODAS AS DESPESAS PAGAS), AÍ VAI PODER PENSAR EM COMO APLICAR ESSE DINHEIRO.

Um segundo elemento para ter sucesso, quando se tem uma empresa, é fazer o que eu chamo de "Separação de Corpos": Ou seja, assumir que o dinheiro da empresa não pertence aos proprietários. Ele pertence à empresa. O proprietário deve estabelecer um salário que lhe permita viver. Ele é gestor desse patrimônio. Quando a empresa der lucro no final do exercício, aí ele poderá retirar a sua parte, de acordo com o número de ações que tiver.

Ao final de cada ano, a distribuição dos lucros deverá contemplar os sócios de acordo com a sua parte na empresa. Mas não antes. Já vi muitos empresários que gastam à larga por conta do lucro que iriam receber no final do ano. O lucro, porém, é um animal arredio e às vezes não vem. Quem já gastou por conta terá que repor o dinheiro na empresa e aí começa a doença mais comum para fechar uma empresa: o endividamento.

Existe uma fórmula simples, usada por algumas empresas bem-sucedidas. Simples mas fundamental para os momentos difíceis: Não distribuir 100% do lucro no final de cada ano. Distribuir 80% ou 90% e o restante colocar numa conta auditada em nome dos sócios. Esse fundo acumulará os juros da aplicação. Quando a empresa precisar de dinheiro não mais terá que recorrer a bancos.

Se não precisar, melhor ainda. Conheço empresas médias que possuem fundos auditados acima de 10 milhões de dólares.

Se os sócios tivessem recebido esse dinheiro como dividendo em anos anteriores, o dinheiro já teria virado pó. Em resumo: se você quer ter uma empresa sólida, por muitos anos, faça um plano de desenvolvimento apoiado num sólido plano financeiro.

Aí o leitor perguntará: "E o dinheiro para desenvolver as empresas, de onde vem?"

Da venda. Venda de produtos próprios ou de terceiros, venda de talento, venda de serviços, enfim, a única coisa que produz liquidez e solidez para as empresas é a troca de seus produtos ou serviços por dinheiro. Em qualquer caso, a única forma de fazer dinheiro honestamente nas empresas é vender.

Eu explico: Quando alguém planeja construir uma fábrica de alguma coisa, o ato de escolher um terreno, contratar um engenheiro para fazer a planta, advogados, parte legal e burocrática, levantar o capital ou vender ações, tudo isso é custo. Não rende receita para a empresa. Depois de tudo planejado começa a construção do prédio da fábrica. Depois vem a compra do maquinário necessário, a contratação de equipes especializadas, enfim, tudo que for necessário para montar uma planta eficaz, que possa produzir aquilo que o empresário deseja. Até aqui só temos despesas. Aí começa a produção: compra de matéria-prima, eletricidade, água etc., mais despesas. Logo depois vem a produção de um bem industrial, para vender, digamos, "móveis". As primeiras peças prontas vão para o estoque, aí é preciso contratar vendedores, ou seja, mais despesas. É necessário fazer um estoque de mercadoria e colocar os vendedores na rua para vender. Até aí a empresa só gerou despesas. A primeira receita acontecerá quando o primeiro móvel for vendido e o dinheiro, recebido. Ou seja, a única fórmula de receita de uma empresa advém da venda dos seus produtos, sejam eles bens industriais, de prestação de serviço ou qualquer outra coisa que uma empresa produza. Aqui começa a história da empresa, ou seja, as receitas advindas das vendas. Seja uma banca de frutas numa feira, seja uma indústria de aviões como a Embraer, a diferença entre o custo de produção e o preço de vendas, isto é, o lucro escreve a história da empresa. É desse lucro que a empresa, seus proprietários ou acionistas irão viver. Qualquer empresa é gerada a partir de despesa e a sua capacidade de vender acima do preço de custo depende o lucro. Daí podemos definir o lucro como a diferença entre o custo total de produção, incluindo os não tangíveis como impostos, salários e tudo que possa incidir sobre o preço do produto e o preço pelo qual ele será vendido.

Por isso o empresário necessita, para manter a empresa ativa, daquilo que chamamos de lucro.

Toda empresa para sobreviver necessita ser alimentada pelo lucro que a sua existência gera. Daí é possível concluir que o sucesso ou fracasso de qualquer empreendimento depende de três fatores: adequação de produto (isto inclui custo, vendas e outros acessórios como propaganda etc.); capacidade de vender esse produto e receber o dinheiro e competência de gestão, ou seja, como administrar as receitas e despesas da empresa. O final dessa equação, que é o lucro e a continuidade da empresa, depende da combinação desses fatores. Repito aqui: seja uma fábrica de aviões como a Boeing, seja uma banca de feira, a receita precisa ser maior do que a despesa. Quando a empresa não tem lucro, porque o proprietário ou a sociedade que a administra é incompetente, ou na produção, na administração, e na gestão, a carência de dinheiro vai gerar dívidas. A dívida em geral é crescente e acaba devorando a empresa. Qualquer um dos fatores de gestão mencionados que falte fará da empresa uma cadeira de três pernas. Vai estar sempre cambaleando.

Daí diz-se que a adversidade gera sabedoria. A sabedoria, porém, depende do empresário entender o "porquê" da adversidade e ter meios e competência para não continuar no erro.

No decorrer deste livro vocês verão casos de empresas que tiveram dificuldades e que a compreensão da dificuldade por parte do empresário permitiu-lhe eliminá-la e criar uma empresa forte. Existem casos sem solução e que o empresário não entende a lição que as dificuldades poderiam lhe dar. Errar é humano. Persistir no erro é burrice. Se você quiser construir um patrimônio com sucesso, pare de persistir errando.

MUDANÇAS NO MERCADO: A GRANDE ASSOMBRAÇÃO DAS EMPRESAS QUE VÃO BEM

Você se lembra da Kodak?

Até alguns anos atrás era sinônimo de fotografia. Fundada por George Eastman em 1888, e era líder de mercado na quase totalidade dos países do mundo.
De repente ela desapareceu.
O que aconteceu no mundo? As pessoas pararam de fotografar? Apareceu uma empresa concorrente que roubou os clientes da Kodak? Houve uma grande perda financeira na empresa?
Não! Aconteceu apenas uma mudança no mercado.
Uma mudança trivial porém gigantesca que foi o aparecimento das pequenas câmeras digitais em 1990 (diga-se de passagem, inventadas pela própria Kodak). Para não mexer no seu *core business* a Kodak resolveu não introduzir a máquina no mercado. Outros fabri-

cantes passaram a fazê-lo e a maquininha tornou-se a opção universal no mercado de fotografia. Quando a Kodak acordou já era tarde. Tentou introduzir a maquininha, mas os japoneses já haviam dominado a tecnologia e o mercado. Em 2012 a maior empresa de fotografia do mundo foi à concordata.

Como é possível ver, a Kodak não foi à concordata por problemas financeiros. O que tirou a empresa do mercado foi a incapacidade de se renovar quando constatou que o mercado mudara.

E não foi só no mercado de fotografia. A General Electric e a Philips foram duas empresas que também saíram do mercado de televisores em função do mercado ter mudado para a tecnologia do cristal líquido e, como elas, a mudança de tecnologia leva muitas marcas a mudar de ramo.

Existe, porém, o lado inverso, para empresas que percebem a tempo o desaparecimento do mercado onde durante décadas desenvolveram o seu marketing e que estudam a melhor maneira para migrar para outro setor mantendo a sua rentabilidade e a sua marca.

A IBM possui, nesse sentido, uma história muito interessante de migração da marca e de produtos quando a inovação mudou a perspectiva de crescimento nos setores onde atuava.

Ela começou no mercado em 1880, fabricando sistemas de gerenciamento de tempo, balanças, fatiadores automáticos de carnes, trituradores de café e, mais importante para a evolução da computação, equipamentos de cartões perfurados para armazenamento de dados.

Quando terminou a Segunda Guerra Mundial, ela foi uma das primeiras empresas a acreditar nessa grande novidade que foi o computador. Naquela época, um computador era usado exclusivamente pelas forças armadas e ocupava um prédio inteiro.

Com a miniaturização dos circuitos a IBM conseguiu fazer um computador que podia ser usado numa empresa. Ocupava meio andar e além disso precisava de alguns funcionários para a programação porque não existiam circuitos integrados nem pré-programação das máquinas.

Com a invenção do circuito integrado, a empresa criou o computador pessoal e se tornou líder mundial nas vendas desse produto. À medida que criava novos produtos, ia substituindo as máquinas que fabricava estando sempre em linha com as exigências do mercado. A partir do ano 2000, o mercado de máquinas para escritório foi sendo infiltrado pelas grandes empresas coreanas e japonesas. Era hora de mudar novamente. Em 2009 saiu da linha de fabricação de produtos e vendeu suas fábricas de computadores pessoais para a Lenovo, que se tornou líder de mercado em pouco tempo.

Atualmente a IBM entrou no setor de serviços e continua firme e forte, avaliando as perspectivas do mercado e evoluindo.

"A continuidade na inovação é o segredo da liderança", dizia Henry Ford. Eu concordo com ele em gênero, número e grau. Esse conceito não se restringe à indústria. Vale também para o comércio. Empresas que vendem perfume já existiam no Egito. Houve, porém, um farmacêutico que reinventou a indústria e o comércio de perfumes. Ele criou, a partir de uma pequena loja no aeroporto de Curitiba, a maior franquia de perfumes do mundo, O Boticário.

São 3628 lojas no Brasil e também em nove outros países. O nome dele é Miguel Krigsner e a empresa é O Boticário. Ao construir essa rede de franquia, ele conseguiu, ao mesmo tempo, despertar nos franqueados uma relação de afeto que eu nunca vi em nenhuma rede de franquias no mundo.

Quem disse que com apenas uma loja não é possível evoluir pela inovação? O mercado muda, mas uma mente criativa pode fazer um império a partir dessa mudança.

O primeiro passo para quem quer continuar evoluindo quando o mercado mudar é estudar as mudanças. Antes de mais nada, é preciso verificar nos campos próximos à vocação da empresa o que está mudando. Lembre-se: qualquer mudança, para dar certo, tem que ser feita sem comprometer o negócio principal. Por quê? Porque se a mudança não der certo é importante manter a empresa aberta, inclusive para poder eventualmente comportar outras mudanças.

Se você olhar o histórico de empresas nos últimos dez anos, poderá ver que empresas mudam mais de uma vez de ramo de atividade. Além da IBM, 3M, American Express e Boeing, a maioria delas ganhou importância no mercado aumentando a sua receita e o seu porte. Isso, de certa forma, contradiz o princípio de que é possível inventar uma empresa à prova de crises. Mas ninguém inventou até hoje uma empresa à prova de mudanças no mercado.

O caso da Embraer ilustra bem esse princípio: o primeiro avião de passageiros desenvolvido pela empresa, Bandeirante, era um avião pequeno com capacidade para 21 passageiros e inseguro.

Com a evolução tecnológica da aviação, foi mudando da hélice para as turbinas e hoje é uma das três maiores companhia de construção de aviões do mundo. Seus produtos são vendidos no mundo inteiro e considerados por muitas empresas como padrão para aviões de até cem passageiros.

Isso não é verdade para toda companhia fabricante

de aviões. A Lockheed e a Douglas fecharam por não conseguir adaptar-se à evolução tecnológica.

A evolução do mercado não resulta invariavelmente no fechamento da empresa. Algumas empresas como a Ford e General Motors tornaram-se centenárias graças a sua evolução tecnológica para criar carros condizentes com a época em que seriam vendidos. Outras como a Packard, Pierce-Arrow, Plymouth e Adams-Farwell sumiram no mercado.

O importante dessa comparação entre empresas que sucumbiram a mudanças tecnológicas, do mercado e financeiras demonstra que acima da tecnologia está a capacidade dos empresários em adaptar-se às mudanças de produto e de mercado.

Qual é o segredo?

A resposta é que para manter-se viva a empresa necessita ser ou tornar-se contemporânea. Quando o mercado muda, ela tem que mudar também, e essa mudança pode ser feita de muitas formas.

A primeira é crescer, na medida do crescimento do mercado. Para crescer existem muitas formas; as duas mais encontradas são, em primeiro lugar, abrir o capital, ou seja, lançar ações; a segunda é associar-se a uma outra empresa que por seus méritos tecnológicos ou financeiros permita a sua continuidade. A terceira é evoluir na tecnologia dos produtos que fabrica associando-se ou trocando seu pessoal técnico. No fundo existe um ditado que de certa forma explica todas as mudanças que uma empresa pode fazer para continuar viva numa situação de mudança de mercado: "Toda empresa tem que mudar muito através do tempo para continuar a mesma".

As mudanças no mercado assustam as empresas que vão indo bem, seja uma loja de confecção, seja uma fábrica de aviões ou uma empresa de internet. No fundo a verdade é que empresário que fica parado, com medo das mudanças no mercado, acaba sumindo. A melhor forma de encarar mudanças importantes no mercado é enfrentá-las com mudanças na própria empresa.

Na minha longa jornada como empresário tenho visto isso acontecer muitas vezes.

Para concluir, gostaria de desmentir uma lei que está num velho livro de administração, mas que continua assustando os empresários: "Você pode construir uma empresa à prova de crises. Ninguém construiu, porém, à uma prova de mudanças de mercado."

Eu diria que isso foi verdade durantes muitos anos (veja o caso da Kodak).

No mundo contemporâneo de negócios, a mudança de tecnologia e da competência dos administradores tem tornado empresas muito mais longevas. Algumas com condição de viver mais do que a já mencionada Kongo Gumi.

Um grupo de empresários competente ainda vai criar uma outra Kongo Gumi e ultrapassar os quase cinco séculos de vida que aquela empresa criou.

O importante é ter competência para colocar no lugar do medo. Fazer a empresa melhor em nível de produtos ou serviços. Contrariar as leis do mercado é um atributo de competência que proporciona muitas alegrias ao empresário.

SE VOCÊ, PARA ECONOMIZAR, EQUIPAR O SEU EXÉRCITO COM MULAS EM VEZ DE CAVALOS DE GUERRA, COM CERTEZA IRÁ PERDER TODAS AS BATALHAS QUE TRAVAR

Para travar as batalhas que uma empresa normalmente enfrenta eu acredito mais na capacidade de cavalos do que na paciência das mulas.

Mesmo que elas tenham curso de mestrado ou sejam parentes dos donos.

Dentre as muitas áreas que custam mais do que deveriam para a empresa, três se destacam: a competência na área de vendas, na área de gestão e na área de relacionamento com funcionários e clientes.

São três áreas que necessitam cavalos de guerra para combater.

Quem esquecer isso corre o risco de em pouco tempo entrar em dificuldades.

Vou contar três casos que ilustram erros nessas

áreas e que custaram muito caro para as companhias.

Nós tivemos um cliente de móveis que sempre procurava soluções modernas mais fáceis para resolver os problemas da empresa, mesmo quando errava. Ele fabricava bons móveis, tinha uma boa distribuição e uma marca popular construída em vários anos de investimento em propaganda e promoção que lhe davam uma boa posição entre seus concorrentes. Um dia o gerente de vendas, que era competente, pediu demissão e ele contratou um outro executivo para ocupar o posto. Alguns meses depois o novo gerente, em conversa, me contou as mudanças que estava implantando na empresa, que iriam aumentar o resultado em pelo menos 5% em cada mês. Fiquei surpreso com a novidade e lhe perguntei como ele iria conseguir isso. "É um pouco complicado para entender, mas é tão bom que deve aumentar substancialmente as vendas da empresa a curtíssimo prazo."

"Me conta o milagre", disse eu.

"Reduzindo o desconto e a verba de propaganda que estamos repassando para os fornecedores."

Existe uma norma no varejo que exige do fornecedor uma participação na verba de propaganda da loja. Ela varia de 5% a 15%.

"Eu cortei tudo e vou repassar esse dinheiro para reduzir o preço dos produtos."

"E os revendedores aceitaram?"

"Alguns reclamaram, mas vão acabar aceitando. Eles não podem dispensar o nosso produto na loja."

Eu não falei nada, mas achei que os lojistas não iriam abrir mão desse dinheiro numa boa.

Na verdade eles não reclamaram; só pararam de comprar.

As vendas, ao invés de aumentar, diminuíram e o dono da empresa teve que voltar a conversar com os lojistas, aceitando a volta das velhas bonificações. Esse erro custou um enorme prejuízo à empresa.

É um caso típico de erro de avaliação do mercado e da reação dos clientes.

O cliente gosta de quem gosta dele e uma atitude dessas coloca o cliente e a empresa em campos opostos.

O próximo caso que eu vou contar refere-se a um erro que muitas empresas cometem pensando em cortar custos. Às vezes dá certo, mas o corte de custos como política para aumentar o lucro muitas vezes cria sérias dificuldades para a sobrevivência da empresa.

Vou contar um caso real que eu presenciei.

Minha agência tinha um cliente muito bem-sucedido no ramo de doces industriais. Vendia para todos os supermercados do país e possuía outros negócios paralelos que, no conjunto, representavam uma receita excepcional.

Um dia ele comprou uma nova fábrica e para administrá-la contratou um novo assessor, muito bom falante, que acabou por convencê-lo de que suas empresas custavam muito caro.

"Esta empresa está precisando de reengenharia", afirmava ele. "E reengenharia se faz reduzindo custos."

Começou por mandar embora o gerente de vendas e uma parte dos vendedores. Cortou a verba de publicidade pela metade, trocou o papel que embrulhava as balas e assim por diante. Em três anos conseguiu fechar a empresa.

"Mas cortei as despesas em 40%", explicou.

No meu entender a reengenharia fechou mais empresas do que os custos que ela propunha-se a cortar.

Este caso é absolutamente autêntico, como todos os que estão neste livro. Eu só troquei algumas pistas por respeito aos clientes... O que se conclui disso? Que reengenharia feita através do corte de custos em geral não leva a empresa a prosperar.

Por quê?

Porque em geral as pessoas mais competentes ganham mais. E quando se pensa em cortar custos os primeiros candidatos são os funcionários que ganham mais e os investimentos, principalmente em propaganda. Sem soldados e sem artilharia a derrota é quase sempre inevitável. Principalmente porque a empresa gasta o seu dinheiro fora dessas áreas, geralmente na incompetência da sua equipe. Um último caso que evidencia o valor do afeto no relacionamento com o cliente está contido no relato a seguir.

Um dos nossos clientes, um banco, nos pediu anos atrás que realizássemos uma pesquisa entre grandes empresas para determinar com quantos bancos elas trabalhavam e qual fator determinava a preferência. O banco trabalhava, na opinião de seus diretores, com juros baixos e não entendia por que razão as grandes empresas procuravam tantos bancos diferentes.

Realizar estudos em alto nível no mundo financeiro não é uma tarefa fácil. Em primeiro lugar pelos problemas de acesso.

Em segundo lugar pelo problema da intimidade que alguns tipos de respostas exigem para torná-las válidas. Com bastante dificuldade conseguimos realizar um bom estudo entre os altos executivos de empresas nossas clientes e por apresentação em outras empresas de grande porte.

Ao estudarmos o assunto ficou claro que taxas mais baixas não eram o motivo principal para determinar o percentual de negócios que cada empresa realizava com cada banco.

Conforme eu disse anteriormente, a maioria das grandes empresas trabalha com mais de um banco.

A média é cinco bancos, mas existem empresas que trabalham até com dez.

A taxa que os bancos cobram dos clientes nas transações é variável e depende não só do tamanho da transação mas também do tipo de transação e, principalmente, do relacionamento entre o diretor da empresa e o diretor do banco. No caso em questão, as pesquisas nos fizeram ver que em grande parte das empresas o Bradesco levava vantagem em função deste último requisito. Quando perguntados sobre vantagens, taxas de juro etc. ficou claro pelo teor das respostas que a convivência e a informalidade determinavam a preferência dos empresários mais do que a taxa de juros. A frase "Mais do que um cliente, um amigo" aplicava-se perfeitamente à analise deste trabalho. Mais do que um diretor formal que propunha uma taxa um pouco menor, os clientes precisavam de pessoas que entendessem o seu problema. E por isso contratavam os bancos que lhe oferecessem mais diálogo e proximidade. A gente tira muitas lições observando os equívocos dos outros. Muitas empresas entram em dificuldades tentando consertar coisas que não são o problema central da sua falta de sucesso.

Desculpem a repetição, mas eu acho que o problema central que tira a vitalidade da empresa é o mau relacionamento entre os donos da empresa, seus funcionários e clientes. Por quê? Porque um funcionário insatisfeito com a empresa, ou o patrão, tende a tratar mal o cliente. Cliente maltratado tende a ter a mesma atitude para com a companhia. Aí começam os problemas.

PARA CONSTRUIR QUALQUER
COISA VOCÊ PRIMEIRO PRECISA
SONHAR COM ELA

Conheci muitos presidentes de empresa nesta longa jornada de empresário. Alguns morreram, outros estão vivos e muitos deles desapareceram junto com a empresa que possuíam.

Dos que estão vivos, alguns me ensinaram a errar com elegância, outros me ensinaram a lidar com situações difíceis, mas foram as dificuldades que realmente me ensinaram como continuar vivo.

Dessas dificuldades, dessas soluções e da arte de continuar vivo eu vou contar um pouco, sem nenhuma pretensão de ensinar o leitor a sobreviver.

Eu sempre fui sonhador. Se não tivesse sido, talvez tivesse continuado na profissão de advogado (me formei pela USP) porque amava Direito. Um dia percebi que a recíproca não era verdadeira e resolvi mudar de profissão.

Fui largando o meu escritório, os meus sócios e pedi ao meu pai que me apresentasse a um amigo dele, o presidente de uma agência de publicidade – a Mc Cann Erickon.

Meu pai também era um sonhador e boêmio. Formou-se em Medicina aos 55 anos. Ele já era formado pela USP em Odontologia.

Aí eu pedi ao presidente um emprego de redator. Não sei por que ele me entrevistou em inglês. Não entendi quase nada do que falou, mas ele me deu o emprego.

Esse foi o primeiro presidente que me ensinou a sobreviver: Se você quer alguma coisa, peça. Se você não pedir, como é que a outra pessoa vai saber que você quer? Ele me deu o emprego e eu comecei a minha carreira de publicitário. Meu primeiro trabalho foi no departamento de pesquisa.

O pesquiseiro que me recebeu foi logo avisando: "Para você que está começando é importante saber duas coisas. Quando tiver uma pesquisa para fazer não tente entrevistar moradores da Avenida Paulista nem inquilinos de prédios de apartamento. As casas da Avenida Paulista vão receber você com cachorros Dobermann e nos prédios de apartamento o zelador vai chamar a polícia".

Fiquei impressionado com o temor que eu vi nos olhos dele e fiquei pensando como uma pessoa que tem medo de tocar a campainha de uma casa ou enfrentar um zelador de maus bofes poderia vencer numa profissão que tem como matéria-prima a coragem de receber muitos "Não". Aí eles me passaram o primeiro trabalho de pesquisador: entrevistar mulheres sobre hábitos de higiene do tipo "Quantos banhos a senhora toma por semana? " Resolvi testar os temores do meu chefe. Fui tocar a campainha do Palácio do Conde Francisco Matarazzo na Avenida Paulista. Saíram dois guardas da guarita e um deles me perguntou: "O que você quer?". "Eu queria fazer uma entrevista com a dona da casa sobre hábitos de limpeza" e entreguei o formulário com as perguntas para o guarda.

"A família está na Europa", respondeu ele.

Agradeci e fui para a casa seguinte. Me receberam com cachorros enormes. Fui para a casa seguinte: Fui atendido por um jovem que saiu da mansão. Quando eu disse o que queria, ele abriu o portão, me fez entrar e dirigiu-se a uma velhinha sentada numa poltrona: "Vovó, este senhor quer conversar com a senhora".

Ela passou a mão no meu cabelo e disse: "Vamos conversar".

E eu fiz a entrevista.

Dali eu entrei no primeiro prédio de apartamentos que encontrei na rua Pamplona (travessa da Avenida Paulista) e por sorte não encontrei nenhum zelador.

Então voltei para a Mc Cann e disse ao pesquisador que tentara me assustar. "Eu fiz uma entrevista na Avenida Paulista e no primeiro prédio de apartamentos que encontrei na rua Pamplona. Qualquer trabalho difícil, pode me entregar".

Passei a ser mais respeitado depois disso.

Qual a lição que tirei dessa experiência? Compreendi que existe uma coisa que é pior do que qualquer assombração: é o medo de assombração.

Com o tempo fui promovido a redator, que era o meu objetivo, e passei alguns dos anos mais felizes da minha vida.

Por quê?

Porque ninguém na agência levava a vida muito a sério.

Aí aprendi outra lição: as coisas na vida não são sérias; a gente é que as transforma em sérias.

Nessa época o José de Alcântara Machado abriu uma agência de publicidade e precisava de um redator. Uma moça da agência que gostava de mim e conhecia o José me ofereceu a ele como o melhor redator que o Brasil já produzira até aquela data. Era mentira, mas eu consegui o emprego. Uma nova lição: se você quiser subir na vida, faça amigos e goste sinceramente deles. Você nunca sabe o quanto eles podem te ajudar num caso de necessidade.

Essa agência chamava Alcântara Machado Publicidade e foi montada em segredo no andar superior da casa da avó do José. Por causa disso a gente não podia fazer muito barulho, senão a velhinha expulsaria todo mundo e fecharia a agência. E tinha uma outra coisa: corria entre os funcionários o rumor de que a casa era assombrada. Daí surgiu um projeto: o de esperarmos o fantasma. Eu, o diretor de criação Laerte Agnelli, com quem eu fazia dupla, e um sobrinho do José que possuía a chave da casa resolvemos montar um posto de vigilância na redação durante a noite e tentar surpreender o fantasma. Eu levei uma espingarda calibre 22, o Laerte levou uma faca e o Plínio levou um pedaço de pau.

Lá pela uma hora da madrugada ouvimos o barulho de gente subindo a escada. Terror! Eu apontei a espingarda para a porta e esperei. Surgiu um vulto de capa e chapéu que quase levou um tiro de calibre 22 na cabeça. Só que não era o fantasma, era o gerente da agência, o Samuel, que passando pela rua achou estranho ver a casa iluminada e entrou.

Passado o susto, eu tomei uma esculhambação do Samuel por estar na casa da avó do José de Alcântara, com uma espingarda, às duas horas da madrugada junto com dois funcionários da agência esperando um fantasma. Fiquei tão deprimido que pedi demissão.

Onde é que eu vou trabalhar agora?

Aí me ocorreu conhecer como era trabalhar como cliente.

Procurei no jornal e, alguns dias depois, encontrei um anúncio em inglês procurando um gerente de propaganda.

Fui até a empresa, Caterpillar, e me candidatei.

Vale aqui o ditado já mencionado: se você não pedir, como é que as pessoas vão saber o que você quer?

Fiz uma outra entrevista triste: em inglês.

Não entendi quase nada do que o entrevistador falou e acredito que ele também não me entendeu. Voltei para casa desolado.

Mas consegui o emprego.

Me saí bem. Eles me mandaram para os Estados Unidos sem saber falar inglês. Fui aprendendo, me saí bem. Um dia me deu saudades da agência.

Voltei dois anos depois para o mundo da criação e, como já disse, eu era um sonhador. Comecei a sonhar em ter a minha própria agência de propaganda. Pequena, com poucos clientes, mas tão boa que houvesse filas na porta para poder ser cliente.

Tive sorte também em encontrar sócios que tinham o mesmo objetivo e uma enorme honestidade para tornar os nossos sonhos possíveis.

Lutei, rolei na lama, sofri, mas aprendi que é melhor você sofrer no sonho do que não ter sonho nenhum.

Para terminar, queria deixar um pensamento que é vital para todo jovem empreendedor que tem medo de colidir com a frustração.

O SONHO É A PARTE MAIS IMPORTANTE DA REALIDADE

Faça o que você sonha, sempre dá certo.

A PRINCIPAL CAUSA DE
FALÊNCIA DAS EMPRESAS NÃO
É A FALTA DE DINHEIRO

Se você não concorda, como explica a grande quantidade de bancos que fecham ou são vendidos no mundo inteiro?

No Brasil os casos mais recentes são o Banco Santos, o BMD, o Banco Rural e o Banco Panamericano, que foi absorvido pela Caixa Econômica...

Eram bancos que operavam normalmente, emprestando dinheiro, descontando duplicatas e todas as operações que um banco faz.

Por que fecharam?

Aqui vai uma explicação contida num velho ditado mineiro:

SE VOCE DEIXAR UM BOI SOLTO, DE NOITE, NUMA ESTRADA ESCURA, COM CERTEZA VAI PRODUZIR DESASTRE.

A quase totalidade das empresas que fecham ou são fechadas ou em geral fecha pelos bois que deixou soltos, à noite, nas estradas. Não por falta de dinheiro.

Em geral funciona assim: a empresa começa pequena, trabalha direito, vai crescendo, vai conquistando clientes, conquista mercados, transforma-se num sucesso, e aí começa a deixar alguns bois soltos numa estrada escura.

Um exemplo? A Varig. Lembra-se dela? Foi a maior empresa de aviação do país, uma das primeiras, começou pequenininha, mas teve a visão de acreditar na aviação do Brasil e transformou-se na maior empresa de aviação do país.

Comprou os primeiros Constellations que transformaram as viagens internacionais num sonho. Comprou também os primeiros aviões a jato de passageiros do Brasil, os Caravelle, depois os Boeings 707. A Varig tinha uma loja na Quinta Avenida, em Nova York, que era uma espécie de consulado do Brasil nos Estados Unidos. Era um sonho.

Um dia a Varig sumiu. Não foi por falta de passageiros nem falta de pessoas interessadas em realizar voos internacionais. Ela foi minguando e sumiu.

A TAM, nessa época, era uma pequena empresa esforçada, com um presidente visionário, o Comandante Rolim. Ele tinha um sonho: construir uma grande empresa aérea nacional. Ele possuía apenas um avião e o sonho. Esse avião tinha, porém, uma característica que ninguém prestava muita atenção: um tapetinho vermelho para os eventuais passageiros pisarem antes de entrar no avião. Esse cuidado, que para alguns é uma tolice, foi o que permitiu à TAM crescer e se desenvolver. O tapetinho vermelho demonstrava o cuidado que a empresa tinha com cada passageiro!

A Varig sumiu; a TAM cresceu e se tornou uma empresa internacional.

As distâncias a serem percorridas eram as mesmas. O preço da gasolina de aviação era o mesmo. Os passageiros são os mesmos. O que aconteceu com a Varig?

Problemas de gestão e endividamento.

As vacas soltas à noite na estrada provocaram o desastre.

Um caso mais recente: as empresas do grupo "X" do empresário Eike Batista, o sétimo homem mais rico do mundo há alguns anos. A empresa estava em múltiplas áreas industriais, comerciais e de serviços, incluindo minérios, petróleo, hotelaria e Eike ambicionava, segundo declarações dele mesmo, ser o primeiro da lista de bilionários da revista *Forbes*.

Era um grupo fortíssimo e lançava com alguma frequência ações dessas empresas no mercado. Conforme amplamente noticiado pela mídia, a partir de uma certa época o grupo começou a fazer água e entrou em decadência.

O que aconteceu com os controladores do grupo para passar em poucos anos de um dos grupos mais admirados a uma situação de insolvência?

Os fatores são muitos mas eu tenho para mim que o problema principal de suas empresas foi o prazer pelo endividamento. Seus contatos com o governo abriram as portas, do BNDS, do Banco do Brasil, e outras entidades governamentais que por considerá-lo um grande empreendedor abriram créditos e empréstimos em quantidades assustadoras.

O resultado foi que ao primeiro insucesso do grupo na área financeira todos os credores, inclusive o governo, que o haviam apoiado, começaram a exigir pagamentos das dívidas e o grupo perdeu bilhões de reais num curto espaço de tempo.

Foi incompetência de gestão? Falta de limite para contrair dívidas? Supervalorização de ativos? Pessoalmente, eu acredito que foi tudo isso em enorme escala. Em outras palavras, os bois que eles deixaram na estrada escura acabaram provocando o desastre.

Um século antes dos fatos que estou relatando aconteceu uma grande crise no mercado financeiro internacional: Isso foi em 1914. A causa não foi falta de dinheiro. Nessa época a economia americana fervilhava. O sonho americano era construir uma estrada de ferro que ligasse o enorme país de costa a costa.

A ferrovia aos poucos foi ficando pronta e o mercado de ações era um retrato dessa desenfreada demanda por parte dos investidores. Todos os bancos passaram a vender ações de estradas de ferro, algumas inexistentes.

A procura por papéis era tão grande que os bancos extrapolaram as suas reservas financeiras. A economia americana ficou presa por um fio – ações das estradas de ferro.

Foi uma grande vaca solta numa estrada escura, à noite. E foi também um desastre espetacular. O mercado de ações se desfez e com ele muitas fortunas.

Crises como essa se repetem de tempos em tempos por um fator: ambição desmedida de algumas companhias que provoca o derretimento dos investimentos, deixando muita gente na miséria. Um exemplo recente desse fato foi a crise mundial que assolou países da Europa e os Estados Unidos a partir de 2000. A causa raramente é o endividamento das empresas em si. A insolvência vem acompanhada por uma euforia do sistema. Na ânsia de ganhar, os bancos e empresas perdem os freios e lançam-se ladeira abaixo confiando no dinheiro fácil. Raramente por falta de dinheiro no caixa.

Nessas horas a gestão é a chave que permite a longa vida das empresas.

Em outras palavras, a boa gestão requer que a empresa crie liquidez antes de crescer. O endividamento descontrolado tira o oxigênio das empresas.

Vale aqui o princípio que está na cultura de toda companhia bem-sucedida: Antes de contrair uma dívida, verifique a capacidade de pagamento da empresa. Se você tiver dúvidas, não contraia. Uma vaca solta na estrada em noite escura é preparar-se para o desastre. Muitas empresas não sobreviveram à colisão.

NINGUÉM ACREDITA EM FANTASMAS ATÉ VER UM

Quem nunca teve um título protestado vai se assustar quando verificar que eles existem.

Vai ficar em pânico quando vir que o objeto do protesto é ele mesmo.

"Justo eu? Eu que cuidei do meu nome como um objeto sagrado. Estou sendo protestado! O que os meus amigos no clube vão dizer? E se sair em todos os jornais?"

Calma! Em primeiro lugar, ninguém do seu clube vai ver, porque títulos são protestados aos milhares e o fato de que alguém com o mesmo nome que você ter um título protestado é muito mais comum do que a gente pensa.

As causas dos protestos são inúmeras: eu mesmo

já tive homônimos que não pagaram suas contas e foram protestados; já tive empresas que por não ter recebido o aviso do cartório foram protestadas, já tive títulos de clientes protestados.

É lógico que eu procuro pagar todas as minhas dívidas antes de o meu nome ir para o Serasa, mas acho isso uma tarefa impossível porque não fomos nós que escolhemos os nomes de todos os brasileiros.

Às vezes eu fico me divertindo lendo a quantidade de homônimos que sofrem esse vexame.

Isso tudo para dizer que as coisas que a gente teme geralmente não acontecem. Algumas vezes acontecem, mas nem sempre por culpa da gente. Todo empresário de algum porte tem uma história dessas para contar.

A história que eu quero contar tem a ver com o problema do título protestado. Pior do que o medo do título protestado é a perda do medo.

É assim que o empresário se enreda.

ELE PERDE O MEDO DO TÍTULO PROTESTADO.

Arranca os cabelos no primeiro; corre para evitar o protesto do segundo, deixa protestar o terceiro e assim vai se endividando até finalmente ser esmagado pelo peso da dívida.

De um modo geral, pede uma concordata, conversa com os credores, mas via de regra vai à falência.

Outro grupo que sumiu foi a Mesbla, empresa que durante 87 anos foi símbolo de sucesso no varejo. No conjunto eram empresas fundadas por gente séria como você e eu, mas que fecharam ou foram vendidas.

Outro tipo de endividamento é o endividamento fiscal. Ele ocorre de várias maneiras: 1) Registrar abaixo do preço vendido, 2) Registrar abaixo do preço comprado, 3) Não registrar a venda, ou 4) Usar a criatividade do contador ou proprietário no balanço.

Eu, pessoalmente, acho que qualquer das alternativas acima é arranjar sarna para se coçar. O subfaturamento ou o superfaturamento tem levado muitas empresas à insolvência ou a serem liquidadas.

Como esses casos começaram? A ambição além do limite. De fazer dinheiro rápido, sonegando para vender mais do que os outros.

Os casos de sucesso que eu conheço: os Magazines Luiza, A Wallmart, cujo dono tinha um inquebrantável código de ética, e de uma pequena loja em Ekart nos Estados Unidos tornou-se a maior empresa do mundo.

Existem algumas organizações que enriqueceram dando tombo no mercado, tanto no Brasil quanto no restante do mundo.

Eu, pessoalmente, nunca dei golpe em ninguém. Todo dinheiro que ganhei, o fiz honestamente, trabalhando duro.

Mas tenho visto pessoas que correm riscos: Eu tenho a impressão de que é o fascínio do risco, o sonho de dar o golpe em pessoas, empresas e governo. Muitas delas vão escapar, mas eu não acho que viver perseguido seja um sonho que valha a pena. Antes de tudo porque o dinheiro nunca é seu. Tem sempre o risco de o golpe ser descoberto e o dono aparecer. Se você está começando um negócio, seja honesto. Conheço pessoas que ficaram ricas sem ludibriar ninguém.

Não é sonho de uma noite de verão. É mais fácil você ficar rico tornando-se confiável.

A razão é que o conceito da pessoa ou da empresa chega ao potencial comprador antes de você ou do seu vendedor.

Seja honesto e confiável que os seus negócios prosperarão muito mais rapidamente e por mais tempo do que se você for espertinho.

As pessoas demoram, mas sempre se lembrarão daqueles de quem foram vítimas.

Falando de empresas, é muito importante considerar a importância dos funcionários no resultado que desejamos obter. Particularmente da imagem que transmitem da empresa. Eles são testemunhas vivas do dia a dia daquilo que acontece na empresa. Embora os empresários subestimem a sua influência na percepção da empresa pelo cliente, são eles que expulsam ou, ao contrário, aproximam o cliente da empresa. Um exemplo? O relacionamento dos bancos com seus clientes. Além das pesquisas de imagem e ambiente interno que fazemos regularmente com nossos clientes, eu tenho um caso particular para contar. Há alguns anos um executivo de um banco internacional me convenceu a abrir uma conta lá. Eu era um jovem executivo e achei que ter uma conta num grande banco me daria mais status do que no banco que me servia. Abri minha conta e seis meses depois fechei. Por quê? Porque para aumentar o meu status de cliente designaram uma vice-presidente para me atender. Fiquei encantado. Só que a vice-presidente, quando eu ligava, estava fora de sua mesa. Porém, o assunto de que eu queria tratar poderia ser resolvido por um dos seus assistentes. Infelizmente o funcionário designado não tinha a menor noção do assunto que eu desejava resolver e se dispunha a estudar o caso me telefonando em seguida.

Isso demorava e quando, alguns dias depois, a vice-presidente me ligava, eu já tinha me virado e resolvido o assunto.

Não acho que havia uma intenção explícita de não resolver meus problemas. Contudo resolvi transferir a minha conta para outro banco. É por isso que bancos, em alguns casos, possuem uma imagem de mau atendimento. Quem atende o cliente pouco se importa com ele. Isso se estende por um grande número de serviços e destrói a imagem da empresa prestadora.

Quando os clientes não voltam, em geral os empresários culpam a situação econômica. Contudo, existem empresas que crescem nos períodos de recessão e outras que murcham em períodos de crescimento da economia.

Os campeões em vendas precisam se orgulhar da firma onde trabalham e gostar das outras pessoas, (condição para estabelecer uma relação estável com outros clientes).

Lembre-se: Quem vende é o vendedor, não o dono da firma.

O título protestado é um fantasma que parece aparecer à noite só para te assustar. Mas é um engano pensar assim. Ele aparece sem mais nem menos na sua vida ou empresa.

Se você não se assusta com o primeiro, é perigoso porque ele pode ser o começo de uma longa série que só termina quando a empresa fechar.

O MISTÉRIO DA TIA JUSTINA

Vou começar este capítulo com uma história intrigante e absolutamente verdadeira.

Meu pai tinha uma tia chamada Justina que depois de ficar viúva três vezes recebeu um quarto pedido de casamento. Naquele tempo não havia divórcio e ela ficou com medo de ficar com fama de matadora de maridos.

 Eu era criança e os meus pais me emprestavam a ela por uma temporada no período de férias, primeiro porque eu gostava, segundo porque ela gostava e, terceiro, porque meus pais queriam se livrar de mim.

A rotina na casa dela era comum: Dar milho para as galinhas, couve para os coelhos e ir à reza (espécie de missa que começava às seis horas da tarde). Aos domingos tinha a missa das sete e um almoço para alguns convidados com uma sessãozinha de crochê e, depois de ouvir um pouco de rádio, todo mundo ia dormir.

Por que eu gostava daquilo até hoje não descobri.

Mas o que me faz pensar ainda é por que uma senhora carola, feia, conseguiu casar-se três vezes (só não casou a quarta porque ficou com medo de ficar falada) e milhares de moças, muitas com um terço da idade dela, morreram solteiras?

Que dom ela tinha? O que fazia os homens enlouquecerem e quererem casar com ela?

Eu chamo isso de encanto. Existem pessoas que possuem essa qualidade de encantar por algum dom que muitas vezes nem elas próprias sabem.

E é essa mesma feitiçaria que transforma uma lojinha sem graça em grandes organizações.

Eu, quando adolescente, morava perto da Doceria Pão de Açúcar na av. Brigadeiro Luiz Antonio. Uma lojinha que vendia doces como centenas de outras.

Um membro da família, Abílio Diniz, transformou-a primeiro em um supermercado e depois em uma grande empresa. Quantos supermercados faliram na tentativa de se transformar em empresas similares?

E os Magazines Luiza, que de uma pequena lojinha de artigos de vestuário na cidade de Franca transformou-se numa das maiores cadeias de varejo no país?

Que poderes tem a Dona Luiza Helena para criar praticamente do nada uma empresa com 740 lojas e um faturamento de mais de R$ 10 bilhões (2013)?

Existem milhares de histórias de pessoas que transformam o corriqueiro em empreendimentos gigantes. Da mesma forma que existem pessoas que conseguem levar empresas bem-sucedidas à falência.

Estudei muito empresas que cresceram além do esperado e outras que depois de crescerem desapareceram.

Neste capítulo vou colocar alguns pontos comuns que estão presentes em todas as empresas que de alguma forma cresceram muito além do esperado.

Para não criar enfado para o leitor, vou apresentar apenas três pontos que em geral estão presentes em toda empresa bem-sucedida.

Não são os únicos, mas você os encontra de alguma forma nas companhias que dentro da realidade em que vivemos quebraram os padrões convencionais de sucesso.

O primeiro deles está em muito poucos livros sobre administração. Pouca gente acredita nele, mas até hoje em todos os casos que estudei sempre o encontro como ponto central do desenvolvimento dos negócios bem-sucedidos.

Estou falando do sonho.

A. O SONHO

Quando você vê uma grande realização, pensa apenas em quanto custa ter um sonho. Em geral não custa nada. Repito aqui uma máxima que ajudou muita gente a realizar grandes empreendimentos:

"O SONHO É A PARTE MAIS IMPORTANTE DA REALIDADE"

Quem não sonha, em geral não constrói. Pense no seu sonho e comece a construí-lo. Já ouvi de muitos empresários bem-sucedidos a frase "Eu sempre sonhei em fazer isto".

São esses que em geral realizam grandes coisas.

B. CAPACIDADE DE AGIR

Toda ideia que fica apenas no sonho e não é acompanhada por alguma ação que a realize; transforma-se apenas em oração.

O sonho para se tornar realidade necessita de alguém com a capacidade de realizá-lo. Nesta minha carreira tive oportunidade de ouvir opiniões, propostas, sonhos e projetos de associação que não me interessaram porque eu já tinha o meu próprio sonho: o de ter a minha própria agência de publicidade. Tão boa que os clientes se recusassem a sair quando solicitados. Mas assisti a um número grande de ideias que morreram por falta de ação; outras por falta de capacidade do seu proponente e outras porque eram inexequíveis mesmo.

Tenho visto um número razoável de empresas que abriram e fecharam por incapacidade dos seus fundadores. Com algumas exceções, o sonho não se coadunou com a realidade.

Portanto, ao sonho é necessário juntar a competência e a determinação.

Um exemplo: Walt Disney, quando decidiu montar um estúdio para filmar *Branca de Neve*, já havia falido oito vezes.

C. GESTÃO

Qualquer negócio, para sobreviver, necessita gestão.
Seja uma funerária, seja uma rede de lojas, seja um banco.

Como se exerce a gestão? Começando com um capital, por pequeno que seja, e administrando-o de forma correta:

> 1. PRIMEIRO A RECEITA (RECEBIDA, NO COFRE OU NO BANCO);
>
> 2. SÓ GASTAR O DINHEIRO QUE FOR SEU, OU SEJA: O DINHEIRO JÁ RECEBIDO LIMPO;
>
> 3. USAR O MÁXIMO DO SEU TALENTO PARA GERAR DINHEIRO NOVO PARA O COFRE;
>
> 4. NO FIM DO EXERCÍCIO, NÃO DISTRIBUIR TODO O LUCRO (GUARDAR ALGUM PARA OS DIAS CHUVOSOS);
>
> 5. NA MEDIDA DO POSSÍVEL, DAR PARTICIPAÇÃO AOS SEUS FUNCIONÁRIOS NO LUCRO;
>
> 6. MOTIVÁ-LOS A TRAZER IDEIAS E CLIENTES NOVOS PARA A EMPRESA.

Gostar sinceramente das pessoas sem esperar nada em troca. O afeto, quando sincero, é uma força inarredável, irresistível.

Aprenda a gostar dos outros começando por gostar de si mesmo.

Possivelmente esse foi o segredo que fez a tia Justina receber quatro pedidos de casamento sem explicação nem para ela mesma. Ela possuía o encanto de gostar das outras pessoas.

Goste dos seus funcionários, e goste de seus clientes e goste daquilo que faz.

Essa fórmula é imbatível para que o seu sonho transforme-se em sucesso.

AS MÁS NOTÍCIAS TÊM TODAS
A MESMA ORIGEM

Uma vez me contaram uma piada sobre dois comerciantes que se encontraram e um pergunta ao outro:

"Oi, como vai? Como está a saúde, a família e as coisas em geral?"

O outro responde ofendido: "Faz algumas semanas que não nos encontramos e você, que é comerciante como eu, só me pergunta como vai a saúde? E os negócios, você não pergunta?"

Visivelmente constrangido o outro pergunta: "Desculpa; e como vão os negócios?"

"Ai! Nem me pergunte".

As más notícias, quando atingem a empresa, via de regra são resultado de uma mesma deficiência, em geral da própria empresa.

Existem áreas que funcionam como para-raios. Finanças, perda de clientes, queda de vendas, custos etc.

Mas em geral vem da falta de competência que os responsáveis desenvolvem nas suas respectivas áreas.

Nós temos um cliente que se queixava muito da área de vendas. Fizemos uma pesquisa e ficou claro que o problema era de relacionamento.

"Se você quiser achar dificuldades e problemas, fale com a área de vendas. Todo o mundo se esforça, mas quanto mais a gente se esforça mais problemas aparecem".

Fiz a minha lição de casa: Visitei umas vinte revendas da marca. O problema se confirmou.

"Esse pessoal não se interessa mesmo. A gente se esforça, o produto é bom, mas eles estão sempre aumentando. Chega um ponto em que não tem como vender".

Quando você conversava com o pessoal do cliente (estava no ramo de franquia), eles diziam: "Os franqueados são uns chorões. Veja pelas lojas deles como eles ganham dinheiro. Eu quero ver se eles mudarem de ramo se vão ganhar o mesmo. A gente oferece treinamento, promoções, material, mas eles muitas vezes recusam só para aborrecer o fabricante. Nesse caso, nós".

Essa empresa tinha um problema semelhante ao de muitas outras: cada funcionário achava que o outro queria prejudicá-lo. Essa visão perturbava todas as outras. Mas será que o problema existia?

Propusemos que o fabricante fizesse duas coisas: Em primeiro lugar, procurasse fazer com que o seu pessoal de campo mudasse a sua visão da revenda. Fizemos um concurso interno que contava pontos para o relacionamento. O pessoal de campo que conseguisse relacionar-se melhor com o cliente e colocar maior número de material promocional no de ponto de venda ganhava um percentual maior.

Fizemos um programa de treinamento interno com um expert.

"Converse com o seu cliente. Convença-o a aderir aos programas de treinamento. Todos vão sair ganhando. Principalmente você e ele mesmo."

Em segundo lugar, propusemos fazer convenções regionais com os clientes. O título de cada convenção era "Em vez de brigar, vamos ganhar dinheiro juntos".

Criamos uma nova motivação para os funcionários da confecção e para os franqueados.

Em vez de ficar nos xingando, vamos trabalhar para ganhar dinheiro.

E um efeito colateral: acabaram a quase totalidade das más notícias.

Em menos de um ano o faturamento dobrou.

Vou contar agora um caso do qual participei e que

muito me ensinou sobre como analisar a causa do fechamento de empresas aparentemente prósperas.

Há alguns anos, quando a Talent estava começando, eu tive oportunidade de conhecer um gênio em administração. O nome dele é Claudio Galeazzi.

Hoje presidente de uma multinacional, era na época um consultor de empresas que tinha sido contratado por um cliente da Talent para colocar ordem numa rede de lojas que estava indo mal.

Figura carismática, tinha o dom de descobrir que botões apertar para que as empresas passassem do prejuízo para a prosperidade em pouco tempo.

Continuamos amigos até hoje e ele é sem dúvida o maior gênio para consertar empresas que já tive ocasião de conhecer.

Como eu dizia, a Talent, na época, era uma empresa próspera, mas pequena, que vendia talento ao mercado.

Um dia conquistamos uma grande conta de telefonia.

Os ingleses que nos visitaram estavam dispostos a fazer a maior empresa do setor e nos deram carta-branca para pensar a sua conta.

Este cliente tinha muito capital e estava disposto a investir em propaganda. Foi uma revolução.

No primeiro ano de trabalho, seus investimentos nos tornaram a segunda maior agência do Brasil e nos obrigou a contratar 110 pessoas para atender às suas múltiplas solicitações.

O cliente era entusiasmado por propaganda e acreditava que o caminho da liderança passava por investimentos na media de massa.

Quando tudo ia bem, surgiu uma dificuldade: O cliente explodiu!

Por problemas de legislação vigentes na época, a empresa estrangeira que operasse telefonia no Brasil não poderia ter ações de outra empresa no segmento. O cliente foi intimado a trocar todas as pessoas (era a legislação da época) que tivessem qualquer ligação com outras empresas de telefonia.

Os ingleses tinham feito uma associação na Europa com outra empresa de telefonia. Os funcionários que estavam no Brasil tiveram que pedir demissão.

Daí as coisas mudaram, o cliente murchou e a Talent não tinha o que fazer com toda aquela gente contratada. Aí eu e os meus sócios concluímos que ninguém na agência tinha capacidade para resolver o problema.

Que tal contratar o Galeazzi?

Quem deseja sobreviver tem que pensar grande. Todo empresário, na minha opinião, tem que aceitar que muitas vezes sozinho não vai conseguir resolver o problema.

Fui falar com o Cláudio Galeazzi.

Ele me ouviu com muita atenção, me deu alguns conselhos, mas deixou claro que a nossa agência era muito pequena para a empresa dele se envolver.

Fui para casa cabisbaixo, mas cada vez mais convencido de que para matar leão é preciso uma arma de grosso calibre. Eu não tinha essa arma.

Voltei no dia seguinte para falar com ele. "Cláudio, nós somos uma empresa pequena para você atender. Mas assumindo por um momento que nós fôssemos grandes, quanto você cobraria para dar um jeito na Talent pelo período de um ano?"

"Mais ou menos um milhão de dólares".

Eu topei na hora.

Era quase tudo o que tínhamos no banco, mas se não tivéssemos topado, talvez eu não estivesse escrevendo este livro agora.

Aí eu entendi o que era ser empresário.

O Cláudio conversou com os diretores, com os funcionários, demitiu uma parte (nesse dia eu chorei) e me devolveu em menos de um ano uma empresa mais leve, mais competente e absolutamente certa de que se seguisse alguns preceitos básicos, seria uma grande empresa.

Eu tenho essa dívida de gratidão para com o Galeazzi. Foi uma das experiências mais excitantes da minha vida profissional.

E foi isso que nós conseguimos: estruturando uma empresa menor, com gente mais capaz, repartindo parte dos lucros com eles e adotando alguns preceitos que tenho colocado nos meus livros.

Particularmente no que diz respeito à gestão de pessoas e do capital, criamos uma nova maneira de ganhar dinheiro sem abdicar dos valores éticos e da alegria.

E, como consequência, praticamente extinguimos as más notícias do nosso contexto.

A primeira condição, conforme coloquei anteriormente, é você não criar despesas muito altas por conta de um negócio que, embora certo, pode não acontecer e deixar você em dificuldade.

Segundo, quando a despesa, por razões alheias a sua vontade, ultrapassar os limites que você estabeleceu, só existe uma solução, um tanto óbvia, mas que muitos empresários relutam em adotar: diminua o tamanho da empresa; corte o número de funcionários, o aluguel, os produtos fabricados que não dão lucro e acima de tudo, quando você não souber como fazer os cortes e manter a empresa funcionando, consulte um especialista. Muita gente assume que pode fazer coisas contrárias ao bom senso por conta própria. Isso é fatal.

O Claudio cortou 20% dos funcionários, gerentes, diretores e despesas não essenciais que toda empresa tem. Montou uma gestão mais moderna e um ano depois me entregou uma empresa mais eficaz e com uma fração do custo anterior. As más notícias cessaram de chegar e eu entendi que colocar mais gente quando você vê um problema é uma solução inepta que, além de aumentar o seu custo, em geral não resolve a deficiência. Daí resultam as más notícias. Desde essa época a Talent cresceu muito e só deu alegrias.

Eu tenho essa dívida com o Claudio Galeazzi: ele me ensinou que além da competência profissional que o empresário necessita ter para manter a empresa operando é necessário você prestar atenção em áreas que você não gosta mas são importantes para o sucesso da empresa.

A partir daí, passei a olhar a operação de empresas minhas clientes, com olhar de dono vendo oportunidades e áreas incompetentes que alguns empresários não veem.

Na grande maioria dos casos as más notícias desaparecem. Esses princípios se aplicam a todas as empresas, mesmo aquelas que vão bem e dão lucro. Os problemas que o empresário tem que enfrentar em geral são simples, mas em muitos casos estão na mão de pessoas não adequadas para o cargo. Daí surgem os problemas.

As más notícias ocorrem mais por inadequação dos titulares da área do que por problemas de mercado.

Devo dizer, para encerrar esse capítulo, que a solução para esse problema não é necessariamente demitir o titular de cada área problemática mas, em geral, retreinar e fazê-lo compreender o quanto ele poderia ganhar em eficácia e, eventualmente, salário, se eliminasse os defeitos de competência ou personalidade que travam a sua eficiência plena. Quando isso não funciona, não há outro remédio senão trocar a pessoa.

Nos trinta anos que se passaram desde a experiência que relatei, nunca mais nenhuma das minhas empresas foi assolada por más notícias.

QUE TIPO DE ESTÍMULO VOCÊ,
SE PUDESSE ESCOLHER, USARIA
PARA MUDAR SUA VIDA?

Antes de pensar em qualquer coisa, pense primeiro por que você quer mudar a sua vida.

Não se trata, na verdade, de uma mudança fenomenológica como, por exemplo, "Se eu ganhasse na loteria, seria muito feliz" ou "Eu queria ser jovem de novo" etc.

Não é esse o objetivo deste livro. A nossa proposição é ajudar você, dentro da sua realidade e competência, a mudar a forma como você se sente desempenhando suas funções.

Eu, por exemplo, repetindo o que já contei anteriormente, formado em Direito e trabalhando em propaganda, cheguei a um ponto em que não suportava mais tocar dois instrumentos ao mesmo tempo para públicos tão diferentes. Eu resolvi minha vida escolhendo uma das duas profissões. Optei pela propaganda e tenho sido muito feliz desde então.

O que me obrigava a tentar exercer duas profissões ao mesmo tempo? Alguma praga de madrinha?

Não; a ignorância.

Casado, com um filho no berço e outro na barriga da minha mulher, eu achava que a única forma de ganhar dinheiro para pagar as contas era trabalhar muito, em dois empregos, e, se desse, trabalhar também à noite.

Um dia, cansei da situação que eu mesmo havia montado e resolvi que se eu trabalhasse numa única atividade e estudasse as oportunidades que ela oferecia, eu poderia sair da ciranda que me deixava exausto e rabugento.

Desde que me dediquei a ser um publicitário sério, minha vida mudou.

Fiz um curso de criatividade na Universidade de Nova York, curso de marketing na Harvard, participei de dezenas de seminários no Brasil e no exterior.

Realizei meu grande sonho de possuir minha própria agência, realizei todas as coisas que havia sonhado, ganhei dinheiro e não me lembro de um dia em que, acordando de manhã, não sentisse uma enorme alegria em ir trabalhar.

Resultado: as coisas a que eu aspirava estavam dentro de mim e não no número de horas que eu trabalhava.

Acho que a pessoa só pode se realizar fazendo o que gosta.

Sem realização a vida fica triste, quer você ganhe muito ou pouco dinheiro, quer você seja jovem ou velho; a infelicidade quando está dentro de você, tem o poder de tornar triste tudo o que você faz de alegre.

Por conseguinte, o pior investimento que você pode fazer é sustentar as coisas que o tornam infeliz.

Existem situações difíceis, outras complicadas, mas se você prestar atenção, vai encontrar casos de superação que você não julgaria possíveis.

No mês passado morreu um cantor que tinha uma linda voz, vendia milhares de discos e era aplaudidíssimo nos shows que apresentava: Nelson Ned.

Stephen Hawking escreve livros sobre física quântica numa cadeira de rodas, não fala, não anda e é catedrático de física quântica numa das universidade mais famosas do mundo, a Cambridge.

Superar-se não implica em ser superdotado: implica em você, dentro daquilo que você faz, descobrir o que mexe com a sua autoestima e eliminá-lo.

Se de todo for impossível, mude de profissão. Encontre uma carreira dentro da sua área de competência que lhe dê a alegria que você procura.

Talvez não seja a de empresário.

Na verdade, depois de ter experimentado várias profissões eu vou dar um conselho que para mim funcionou maravilhosamente e que eu acho definitivo:

PROCURE ALGO QUE LHE DÊ ALEGRIA.
A PARTIR DAÍ TUDO VAI DAR CERTO
NA SUA VIDA.
SEM ALEGRIA, O MUNDO FICA CINZA;
NADA TEM GRAÇA,
NEM VOCÊ.

dasheditora
editoradash.com.br